LE

GÉNÉRAL DE DIVISION

DOUTRELAINE

———

DISCOURS

PRONONCÉ A SES OBSÈQUES, LE 4 MAI 1881,

PAR M. LE GÉNÉRAL DE DIVISION

MENGIN-LECREULX.

———

PARIS,

IMPRIMERIE DE GAUTHIER-VILLARS,

55, quai des Augustins, 55.

———

1881

Le corps du génie, l'armée, la France viennent de faire une perte douloureuse et profondément regrettable dans la personne du général Doutrelaine, qui mérite d'être signalé entre tous par ses talents, son zèle, son patriotisme, par la distinction et la supériorité de ses services. J'espère qu'il me suffira de les exposer brièvement et avec simplicité pour vous faire apprécier dignement, malgré mon insuffisance, l'homme éminent que nous venons d'accompagner jusqu'à sa dernière demeure.

Doutrelaine (Louis-Toussaint-Simon) naquit à Landrecies le 9 juillet 1820; entré à l'École Polytechnique en 1839, puis à l'École de Metz en 1841, il fut nommé capitaine du génie en décembre 1846. Il fit sa première campagne au siège de Rome en 1849, et c'est là qu'il put manifester, pour la première fois, la remarquable énergie qui l'a toujours distingué. Il était malade de la fièvre quand vint son tour de tranchée; mais il s'agissait de donner l'assaut au bastion d'attaque. Stimulé par la passion du devoir, il sut triompher de son mal et trouver des forces suffisantes pour se faire remarquer dans cet assaut, par son courage et son intelligence, ainsi qu'il l'a toujours fait depuis dans toutes les circonstances difficiles. Cette conduite attira l'attention du général Vaillant (depuis maréchal), qui dirigeait les travaux du siège, et lui valut son estime et son amitié, qui ne lui ont jamais fait défaut depuis lors.

Employé les années suivantes au Ministère de la Guerre, il fit preuve d'un talent littéraire des plus remarquables. Son style élégant, en même temps que clair et précis, prouva qu'il aurait pu figurer avantageusement parmi nos meilleurs écrivains militaires. Cependant, malgré ses succès littéraires, il n'était pas homme à s'immobiliser dans les bureaux. Il sollicita vivement, sans pouvoir l'obtenir, l'honneur de faire partie de l'expédition de Crimée en 1854, et ce n'est qu'en 1859 qu'il put faire une nouvelle campagne, en accompagnant comme officier d'ordonnance le maréchal Vaillant, nommé major général de l'armée d'Italie; il était chef de bataillon depuis 1856 et fut nommé lieutenant-colonel en 1859, à la suite de cette campagne; puis il fut envoyé à Mézières dans son nouveau grade pour y remplir les fonctions de directeur des fortifications.

En 1865, il fut désigné pour rejoindre l'expédition du Mexique; c'était le moment où la résistance opiniâtre de Puebla et les conséquences qu'elle pouvait amener inspirèrent au Gouvernement des inquiétudes sérieuses; il avait résolu d'envoyer à l'armée du Mexique un renfort de diverses armes qui devait comprendre un lieutenant-colonel et plusieurs officiers du génie. Ce fut le lieutenant-colonel Doutrelaine que l'on désigna, nul officier de son grade ne paraissant réunir à un plus haut degré, aux qualités militaires, le jugement, l'esprit de conciliation et les connaissances variées qui pouvaient être utiles dans cette mission. Les espérances que l'on avait mises en Doutrelaine ne furent point déçues. Au point de vue militaire, il renouvela d'une manière plus étonnante encore le miracle d'énergie et de patriotisme qui avait signalé à Rome son début dans la carrière. Il était assez souffrant à Mexico pour que l'état-major songeât à le renvoyer en France, cette mesure paraissant indispensable au rétablissement de sa santé, lorsqu'il apprit qu'on allait faire l'expédition et le siège d'Oajaca ; n'écoutant que son courage, indifférent à la souffrance, il partit avec l'expédition et dirigea, en qualité de commandant du génie, les travaux de ce petit siège, qui, grâce à son énergie et à son habile direction (écrivit le commandant en chef de l'armée), eut un prompt et heureux succès.

Pendant son séjour au Mexique, une Commission scientifique avait été instituée pour étudier les ressources du pays et indiquer les mesures les plus profitables à prendre dans l'intérêt de la civilisation et du progrès ; il en fut nommé président et sut, à sa tête, rendre d'éminents services et se concilier tous les suffrages.

A son retour du Mexique, Doutrelaine, promu général de brigade, fut employé comme directeur du Service du Génie au Ministère de la Guerre, fonctions qu'il quitta bientôt pour celles de membre du Comité des Fortifications.

C'est dans cette situation que le trouva la fatale guerre de 1870. Nommé commandant du génie du 7e corps d'armée, qui se réunit à Belfort, il profita de son séjour dans cette ville pour faire entreprendre immédiatement sur la hauteur des Perches, qui domine la place, ces ouvrages de fortification qui arrêtèrent pendant si long-temps les ennemis et contribuèrent si puissamment à la longue et honorable résistance de Belfort.

Il quitta cette ville pour suivre la marche et la fortune du 7e corps, de plus en plus apprécié par le général Douay, son commandant en chef, qui ne faisait aucune entreprise sans le consulter. Il fut fait prisonnier avec toute l'armée à la triste bataille de Sedan, mais ce ne fut pas sans avoir donné une nouvelle preuve de son courage et de son énergie. Dans un retour offensif tenté sans succès par le général Douay (a écrit un témoin oculaire), on voyait le grand général Doutrelaine, qui s'était placé dans les rangs, comme pour jalonner la ligne de bataille.

Au retour des prisons d'Allemagne, il fut nommé membre de la Commission internationale qui devait, d'après les bases du traité de Francfort, établir définitivement les limites de la nouvelle frontière de l'Est. C'était l'homme le plus apte à bien traiter cette question, qui ne laissait pas que de comporter des incertitudes et des difficultés. Grâce à son tact, à son énergie, à sa patience, il réussit, à ce que m'a rapporté un de ses collègues, à repousser une partie des prétentions exagérées des commissaires allemands, et il put conserver à la France environ soixante mille Français de plus. Le grade de général de division, qu'il obtint à la fin de 1872, fut la juste récompense de cet éminent service.

Il revint ensuite au Comité des fortifications, dont il fut nommé président à la fin de 1875 ; mais il résigna bientôt ces importantes fonctions et fut, sur sa demande, mis en disponibilité en février 1876. Relevé de cette position de disponibilité, il fut appelé, en 1879, au commandement supérieur du 5ᵉ corps d'armée à Orléans. Enfin, il reprit les fonctions de président du Comité des Fortifications en août 1880.

C'est dans cette position que la mort l'a frappé, il y a trois jours, prématurément, on peut le dire, car il n'avait pas soixante et un ans.

Nous n'avons pas parlé de ses décorations. Elles sont, en quelque sorte, l'accessoire obligé des grades militaires, et il nous semble de peu d'importance d'en faire une mention successive et détaillée ; nous dirons seulement qu'il obtint la première, la principale, c'est-à-dire la croix de chevalier de la Légion d'honneur, dans le grade de capitaine, en 1849, après le siège de Rome, et la plaque de grand officier en juillet dernier ; il avait en outre reçu plusieurs décorations étrangères ou médailles militaires.

Telle a été la carrière militaire du général Doutrelaine.

Quant à son caractère, c'était un homme réservé et modeste, mais franc, loyal et du commerce le plus sûr. Il n'a laissé que des amis parmi tous ceux qui l'ont bien connu ; ils lui étaient tout dévoués, parce qu'il l'était lui-même pour eux.

Malgré sa grande discrétion, nous avons acquis la certitude qu'il était bienfaisant et charitable ; nous n'oublierons jamais, nous, président de la Société de secours des veuves et orphelins des officiers du génie, qu'il a été un des premiers bienfaiteurs de cette Société ; c'est ainsi qu'il savait prendre l'initiative de tout ce qui était bon, honorable et utile.

Sa mort prématurée laisse un grand chagrin au cœur de ses amis, parmi lesquels je m'honore de compter, et fait dans le corps du génie un vide qu'il sera difficile de bien remplir ; mais ce n'est pas lui qui est le plus à plaindre.... Il est mort après avoir atteint les plus hautes positions de la carrière militaire, après avoir conquis l'estime et la considération générales, après avoir été utile jusqu'à son dernier moment, après avoir donné à nos jeunes camarades les plus beaux exemples de patriotisme et d'énergie ; enfin, après avoir reçu les consolations de la religion, consolations que rien ne peut remplacer.

Ne pouvons-nous pas répéter, après en avoir donné les preuves, que le général Doutrelaine était véritablement un homme supérieur ? Puisse mon pays voir surgir beaucoup de ces hommes supérieurs et dévoués, dont la présence est si nécessaire dans les circonstances difficiles !

Adieu, mon cher Doutrelaine, adieu pour toujours ; tes amis ne te remplaceront pas dans leur cœur et ne t'oublieront jamais.

6963 Paris. — Imprimerie de Gauthier-Villars, quai des Augustins, 55.